NUEVA
NATURALEZA
SALVAJE

SONƎMBULOS
——— EDICIONES ———

NUEVA NATURALEZA SALVAJE
Colección MACASAR

Primera edición: diciembre de 2023

La traducción de esta obra ha recibido una ayuda financiada por el
Ministerio de Cultura de la República Checa.
Título original: *Nová Divočina*
© Jonáš Zbořil, 2020
© HOST— vydavatelství, s.r.o. 2020

© Traducción — Enrique Gutiérrez Rubio
© Fotografía de portada — Andrej Nechaj
© Diseño de la colección — Daniel Fajardo
© SONÁMBULOS Ediciones

www.sonambulosediciones.com

ISBN: 978-84-127065-5-0
Depósito legal: GR 1995-2023

Impreso en España

NUEVA
NATURALEZA
SALVAJE

JONÁŠ **ZBOŘIL**

TRADUCCIÓN DE ENRIQUE **GUTIÉRREZ RUBIO**

A Marcela y Jindřiška.

los pulgones surgían del rocío que cae de las plantas,
las pulgas de la materia en putrefacción, los ratones
del heno sucio o los cocodrilos de los troncos en
descomposición en el fondo de las masas acuáticas.

abiogénesis, wikipedia.org

antes
de
dormir

la vida de las plantas (maranta leuconeura)

por eso la llaman planta de la oración
explicas
con los brazos impecablemente colocados sobre la manta
en el trono de la cama

por la noche se cierra por completo
hace como si no estuviera

cuando produce un ruido indebido
tienes la sensación de que se ruboriza

por eso la llaman planta de la oración
¿no te habías fijado
en todos estos años?

pasas la página

movimientos de cangrejo antes de dormir

meditas cada cambio de posición
navegas por el pecho
atravesando olas de sueño hasta atracar en él

por la mañana te observan dos pares de ojos idénticos
también te quedas observando

es algo completamente nuevo

el niño le susurra a la gravedad

a la madre tierna y gris

toma bajo el brazo
el cielo supurante
sujeta la estación de tren
le enseña al niño un truco
con un bolígrafo

coloca los libros en la estantería
ordenados por colores

excepto la poesía
allí todo es distinto

relato

el viento se levanta
y las luces en la calle brillan más
como pidiendo auxilio

aparto los muebles de las ventanas
y me desconcierta un poco sentir
en pijama
que justo ahora quieres que escriba un poema

me sorprende así
inclinado sobre el sofá
como si me hubieras colocado un jarrón
en la espalda

cena

con una mano cortas la sandía
una imagen de novela de detectives detenida en el tiempo
el cuarto se extiende

la luz que llega de la cocina
un satélite sobre la calle
el punto geográfico más desértico

cuántos libros a medio abrir
cuántas ventanas sin luz
cuántos autobuses
en los que no estás sentada

primavera

el letrero cruza la alcantarilla de la ciudad
en eje vertical

todos los sucesos son perpendiculares al parque

hay primavera
y luego hay problemas
cuestiones por resolver

hay viento y hay tórtolas
y luego hay testamento
en perpendicular

las largas piernas del superviviente
estiradas en la primavera y rotas desde las rodillas

te has quedado dormida en medio de todo
las calles se derriten

pececillos de plata (lepisma saccharina)

escuchan tus rituales nocturnos
a las once forman frente a la casa
reclutan incluso a sus crías

a medianoche atraviesan el campo de baldosas

el insecto de schrödinger
es cuando tú no eres

cenan en cavidades secretas
sobre la mesa cuelga un cuadro de anélidos

como si fuera el guernica

coloco una oreja sobre ti

aparcas tras la curva del sueño
el pesado hombro de la consciencia
un pozo
emites un sonido como de almeja

esa enigmática playa tuya
por la que todos se pasean vestidos

sede central

el niño por primera vez
se pone de pie
y llora sobra las sábanas

te busca
la cama es tu sede central

cuando vuelves por la noche te inclinas sobre él

se acerca la época de inclinarnos
después nos llamará la tierra

pozo

miré en la nariz de un niño
y contemplé un agujero negro sin fondo

resplandecían en él dos pequeñas cumbres rojas
y células sobre estas
que protegían a las células de debajo
y a las demás células
como la última colonia de pingüinos

comencé a temerle a ese pozo
que albergaba el secreto de todas las melodías
y de todas las palabras aisladas
allí se hallaba ñam
agua
mamá papá mapa
pavel
mína
pum

ay como a alguien se le caiga
un destornillador en ese pozo

de momento la vida es compasiva

mientras trabaja con hidrocarburos
en algún otro lugar

por todo el campo tras el partido
fluye la química
allá por donde pasa la vida
va dejando devastación

el niño llora en el cuarto contiguo
la vida le está montando los dientes

dios mío la vida está tan cerca
y olfatea a sus presas

domingo por la mañana

sereno y frío

no puedo seguir escribiendo porque
sobre el pecho duermo a un niño

el faro del teléfono se ilumina
desde el cabo de la librería
el depósito de la cabeza no soportaría ni un verso más
trato de detener el interminable 15 % de
                crecimiento de la poesía
pero no puedo evitarlo

pronto colocaré a tus pies
la presa del sueño
después me desharé de los retazos de poema sin usar

el día se extiende mucho más allá del horizonte
como un oleoducto

con su boca de lamprea en algún lugar
succiona imparable

sobre la sábana has colocado
dos guppys (poecilia reticulata)

toda una demostración

has querido añadir un pez bebé
te he detenido

mientras discutimos
los peces se tocan furtivamente con las aletas

tormenta

el viento arroja polvo sobre los ojos

la gente mantiene el ritmo obstinadamente
solo los perros se asustan
lejos por delante

le abro a mi padre la puerta del piso
donde soy yo quien da consejos paternales

durante días me sigue preguntando antes de dormir
qué ruido infernal era ese

después desaparece en la oscuridad
y yo calculo
cuántos libros se ha llevado

poemas y salchichas

golpeas la barra del chiringuito con un billete de doscientas
un llanto infantil recorre el valle estival

a ver cómo te portas le dice una hija a su madre
lo carga sobre su espalda encorvada
madre es igual a espalda por todas partes espalda

la antena en la cima conversa con los límites del cielo
los mensajes no van envueltos
a diferencia de las salchichas los helados
y las ensaladas

un satélite chino se afana por limpiar el universo

todos están contentos
el aire rebosa iones

¿por qué nadie limpia este bosque?

la joven nube sobre la llanura

se copia en su sombra
se imprime sobre el pasto verde
entre el cielo y la tierra

en sus vísceras bulle
algo cercano al agua
todo lo demás se mantiene
envuelto en la niebla:

cómo suena una nube
cuánto de ella puede devolverse a la pradera
ha visto alguien alguna vez su final

y en caso afirmativo

ahora

ahora lanza el dado
para ver
qué hay ante ti

tienes un trozo de madera
y tienes llanto

piénsate bien
cuál de los dos escoger

nueva
naturaleza
salvaje

tímida tubería de desagüe

salta sobre los campos
vive una vida secreta en el barro

las raíces castigadas de los alisos
el maíz y sus cartas no enviadas

una bicicleta impulsa el paisaje
de vuelta al redil

en las ramas un parásito de buen corazón
le envía al árbol
una petición de amistad

los huesos de las lámparas

cabeza de camión
el paisaje es la parte inferior de las calles

la interventora repite
que todos ocupen su asiento
es un acuerdo
las palabras tienen consecuencias

no hay naturaleza alrededor
maleza matorrales formularios
cuanto se halla tras la cama de la humanidad

maleza

podemos bajar por el centro hasta el río
por esta carretera
podemos subir hacia los oscuros bloques de pisos
por la misma carretera

por qué nunca nos deslizamos
tres veces por ejemplo
por este tobogán divino

¡porque no es para jugar!

junto al paso subterráneo se agita la maleza
un día la nueva naturaleza salvaje la castigará
por colaboracionista

nadie se fija en las acacias (acacieae)

son delgadas y flexibles
son las corzas de las tiendas de coches de ocasión
y de los terraplenes ferroviarios

ahí mismo asoma una
por detrás de la esquina
allí
junto a la basura organizada

se acercan unos abedules
avanzando como indios

entre las traviesas
tensan las cuerdas de sus arcos

tuyas (cupressaceae)

cuando lo descubran
dirán que la invasiva
naturaleza salvaje ha devorado el asfalto
las casas y las frágiles flores de los automóviles

todo empezó con las tuyas
se tragaron las inermes terrazas de los
                    restaurantes de carretera
después se les unieron los abedules
los abedules que no falten

y sin embargo toda la culpa fue de las tuyas
malditas tuyas

prohibidos los vertidos ilegales

maldice la maleza

los grillos se cuelan por la ventana y desaparecen
                en la calefacción
admiran la aguja del gramófono
querrían grabarse

compadecemos a los grillos
por el contrario nos reímos de las lechuzas

es una amistad inesperada

esperamos a que el final
finalmente comience

la vida
de las
plantas

huerco s.: poemas cansados

antes de comenzar a leer
asegúrese de que

la puerta esté cerrada
la esclusa en posición locked
las superficies de contacto untadas con el gel
        incluido en el envase
rodrigo mala se despidió y lleva al menos
una hora camino del potosí

ya no hay en el mundo una sola tribu de indígenas
        que no haya sido fotografiada invitada a una entrevista
        después de que los encontraran vagabundeando
        por el margen del bosque
        como si estuvieran esperando el autobús al burdel

sabe qué es una vaca marina

en la estantería hallará un casco gafas y guantes protectores
        sobre su cabeza no hay objetos
        punzantes y las ventanas
        que dan al sur están en posición blur

deslícese hasta el suelo
agite los hombros en un silencioso llanto catártico
olvídese de todo

póngase en contacto con huerco s.
abra el compartimento blanco numerado
ya puede leer

bloomberg[1]

Bank of America Corp. teme a los dueños
de las casas inundadas prolonguen sus hipotecas.
Walt Disney Co. sobre sus parques de atracciones
   hará demasiado calor para los visitantes.
AT & T Inc. teme de los huracanes e incendios puedan
   destruir sus torres celulares.
Coca-Cola Co. se sorprende si sigue habiendo suficiente
   agua para la producción de coca.
Visa Inc. advierte de que el calentamiento global podría
   aumentar la pandemia global y los conflictos armados:
   problemas que al contrario provocarían menos
   personas de viaje.
Home Depot ha previsto que sus ventiladores
de techo y otros electrodomésticos verán "una mayor
demanda si las temperaturas en el transcurso del tiempo
aumentan".
"Si los clientes valoran Google Earth Engine como
   herramienta para investigar los cambios
   físicos de los recursos
   naturales y del clima en la Tierra, podría producirse
   un aumento de la lealtad de los clientes o
   de la valoración de la marca",
   ha escrito Google.
Apple se siente incomparable.

---

1   El poema original consiste de traducciones automáticas del inglés al checo. De ahí
que haya errores de coherencia y sintácticos también en la traducción.

la vida comprimida en la
mosca de la fruta (drosophila)

la vida comprimida en la mosca de la fruta
trata de sobrevivir

cuando pasas por la cocina
las mosquitas se elevan perezosamente sobre los platos
hacen como si nada

en la calle la vida mueve a un perro
mueve a un conductor en realidad todo el autobús

las miradas de los lectores se concentran sin embargo
en la lucha de una mosca de la fruta a los pies del lavabo

la vida es vanidosa

en los eones del tiempo
se aburre

juega consigo misma
al monopoly

cari (telefonista)

tenía turno de noche
en una sala inmensa
con frecuencia estaba sola

entraba una llamada
anunciaban internacional
yo anotaba la solicitud
se la llevaba a la encargada

era excitante
estaba en conexión con el mundo
llamaban extranjeros
tenía que buscar información
en las guías telefónicas de todo el planeta

un par de años más tarde
era una fábrica

de pie junto al resto
frente al clavijero
me comunicaba con telefonistas
de otras ciudades

todas vociferaban
y se llamaban cari unas a otras

una vez me contactó ládík
al que ya había visto
en algún evento

yo no tenía teléfono
le di el número de la central
103
me reconoció por la voz

al año me casé con él
tenemos dos hijos maravillosos
aún seguimos juntos

días hermosos
cari

permafrost

el primer día no escuchamos nada
alguien vio un punto en el horizonte

el segundo día no escuchamos nada
alguien vio una raya en el horizonte

el tercer día un prisma
azur
dodecaedro

el 4º día alguien salió fuera y miró
el 5º los niños rieron

el glaciar se deslizó rápidamente hacia la ciudad
sin emitir olor alguno
en un silencio total

por la noche estuvimos recordando
cuáles son los estados del sonido

botas (científico)

svalbard no está
tan abandonado como podría parecer
por la fotografía del vault

justo a la vuelta de la esquina
hay un hotel adonde van los turistas
los periodistas y algunos
de mis colegas

sigo con la cuestión
de mi día a día

todas las mañanas
entramos en pantuflas a los módulos
los caldeamos con los servidores sobrecalentados
que calculan la velocidad del deshielo

entusiasmados acercamos la nariz a las botellas
llenas de aire con mil años de antigüedad
de las bolsas de un glaciar que se está derritiendo

por la noche volamos borrachos
sobre el blanco infinito
en un bombardero reacondicionado

uno de nosotros siempre
lanza al cielo unas botas

por qué no lo sé

peras

algunos núcleos atómicos
tienen forma de pera lo que significa
que no se puede viajar en el tiempo

el tiempo comenzó en algún lugar por allí
muestran las peras
y avanza más o menos en esta dirección
no se detiene ni se desvía

te burlas del poeta wolker
los lomos encorvados de los libros
el tendedero carga con los pantalones como una cruz

tú duermes
llena de átomos de pera
en el vientre una minúscula maraña
de más átomos de pera

yo me afano en escribir una elegía
en transformar esta noticia
sobre el encarcelamiento en el tiempo
en algo elevado y melancólico
es un estado sin emociones
una derrota que no expresas con palabras
sino con un gesto

voy
abro la nevera
observo con desaprobación cuanto hay dentro

malgasto el tiempo
hasta que me atrape

autopista

la autopista es la columna vertebral del estado
poblada por las pelusas de los delgados abetos
y de vallas publicitarias

nos caemos bien a la altura de humpolec
en el KFC de devět křížů
ya nos llamamos por el nombre de pila

no es cierto que el país esté dividido
la autopista es la nueva sala de conciertos
a través de la noche resuena el contrabajo de las ruedas
el tenor de los turismos

cuando ya nada pueda ir peor
nos veremos aquí
iluminaremos los huesos del bosque

pasado brno el viaje es una larga despedida
sobre el asfalto mojado cae un confeti de intermitentes
algunos coches se abrazan

arriba en las montañas

oh presión de la calefacción
arriba en las montañas
empujas el agua caliente desde el sótano a la buhardilla
donde duerme un niño pequeño
envuelto en sudor

los coches que cruzan el valle suenan tan serios
el pueblo susurra como una tetera eléctrica
es imposible que no se escuche la luna

el agua de la calefacción es propulsada por auténtico fuego
el agua huele distinta
el rugido de un avión ahoga la conversación en el local
    con una vieja radio y una ventanilla por
        donde sirven las comidas
el cielo es una bóveda metálica en la que
        retumba horriblemente
    hasta el más leve movimiento
los pilotos se despiertan aterrados por sus propios sueños

las tráqueas que atraviesan los troncos rebosan agua
caliente y viscosa
los brazos de un muerto recuerdan la sangre
la vida desintegrada en números primos
formando las paredes
stalenhag total

en la oscuridad brilla un teléfono que no quiere hablar
un avión a reacción ruge en una esquina de la pantalla

los coches se ocultan en los bosques
no hay mayor misterio que el agua de la calefacción

aa

senator hanjin evergreen
a lo largo de los raíles contenedores desperdigados
dejamos atrás la ciudad de hulín y el domingo
escarabajos en tensión

el lunes una oscuridad transnacional
brillan lámparas y nombres extranjeros
los tranvías se aprietan unos contra otros
como un rebaño de vacas durmiendo

el océano engulle las teclas de acceso rápido
el universo es negro y grasiento

final de trayecto

dónde están todos los coches del topito
los parques de automóviles de las negras ciudades
dónde los adoquines de la película de Ludvík Aškenazy
adónde fueron a parar los descampados
las paradas de tranvía
las lamparitas amarillas de los dormitorios de personas
muertas y hace tiempo despachadas

peces grises en el fondo del agua
alrededor de la tierra un terrible estrépito

pensamiento en mitad de la noche

a escondidas tira la basura
al contenedor del olvido

el olvido ya comienza a rebosar
habrá que vaciarlo

acoplamos tubos hasta donde alcanza la vista
el olvido ha socavado la tierra
regresa a raudales

cormoranes truchas y ballenas
tienen las tripas llenas de olvido

incluso en los pirineos franceses
cae del cielo
un diluvio de olvido

earth 2.0

el cuarto de baño huele a ti
el neceser con tus cosméticos
tiene la boca tan abierta
que podría tragarte

han descubierto un nuevo planeta
con el nombre provisional earth 2.0
te digo antes de dormir

pronto comeremos nuevos tipos de carne
consolarse con
que la hervimos en agua
no sufre

stalenhag

todas las tardes
el sol brilla tan ácido
que te obliga a ir constantemente al cementerio
los demás pasean como si les fuera la vida en ello
como si no fuera verano

nadie lo comenta
pero todos lo han leído esta mañana
ese nuevo planeta
se asemeja tremendamente a la tierra

radio (astronauta)

esa interferencia entre las estaciones
es radiación procedente de júpiter

desde que regresé a la tierra
ese sonido me tranquiliza
aquí todo me tranquiliza

ahora a la izquierda

desde la órbita volví a caer
al líquido amniótico
la expulsión del paraíso aún está por llegar
a causa de esos tardígrados

¿ha oído hablar de ellos?

las criaturas más resistentes del planeta
por eso las enviamos a la luna
para ver si sobreviven

regresé al líquido amniótico
un bebé en el seno materno
a la izquierda

en el extranjero es toda una aventura
incluso comprar en el 24 horas de enfrente
dijo alguien
desde que he vuelto
voy todas las mañanas a la tienda
busco la curvatura del horizonte
la rotación de la tierra

tardígrados
ojalá pudierais cruzar
de nuevo la calle

paradlo
pero no lo apaguéis

el bogavante y yo nos miramos a los ojos (homarus gammarus)

se ha escondido tras una piedra
en un rincón del acuario
en todo el día nadie se ha fijado en él

no quiero embarcarme en el penoso camino del poema
no quiero pensar qué hará mañana el bogavante
(todos los clientes están pensando en el lunes)
no quiero hacer del bogavante una persona con maletín
ya lo he antropomorfizado aquí
en exceso

quiero escribir
que los ojos del bogavante son obeliscos
dos oscuros agujeros de gusano en los que
          se encorva la noche
es cierto que con una aguja puedes perforarlos
pero la punta se detendrá
en el horizonte de los acontecimientos

inténtalo

los profundos ojos del bogavante
me digo

este poema
nunca será mejor
que una holoturia

solaris

cuando se descubrió
que el océano es un ser vivo
a muchos de nosotros el mar
comenzó a resultarnos repugnante

se hablaba del síndrome
de stanisław lem

alrededor de la reserva de oscuridad salvaje
alguien por sus propios medios construyó un muro

de noche ya nadie
salía a mar abierto

muchos dejaron de practicar el esquí de fondo

los hombres controlan los árboles

pero jamás apagar el arroyo

el silencioso motor de inercia de la tierra
no puede oírse no puede verse

oh gran pistón inexistente
lo haces girar todo a tu alrededor
los niños te rinden homenaje
con sus cabezas mareadas
y sus caídas

los tomamos de la mano
los arrancamos de tu boca

silicio amoniaco e hidrocarburo

se encuentran silicio amoniaco e hidrocarburo
y silicio dice yo también soy fuente de vida aunque no sé

lo llevamos con modestia
apenas somos sesenta
todo es naranja

no conocemos los casquillos de las bombillas
no zumban los micrófonos averiados de los telefonillos
no se escriben poemas a escondidas cuando
                en la habitación de al lado
una mujer le canta a su hijo
los chips son el holocausto

amoniaco dice yo también soy fuente de vida
estamos apenas comenzando
todo es morado
no puedo quejarme

hidrocarburo dice
la cuenta por favor

vibraciones

en el silencio del paisaje se esconden las vibraciones
del interminable mercadeo de casas de campo

entre los arbustos yace bocarriba un pedazo
                    del viejo universo
molesta a una perdiz que no puede conciliar el sueño

a lo largo del conjunto de árboles que no es un bosque baila
la sosegadora voz de un presentador de la BBC

sobre los cables una discusión acerca de plutón
un temblor de datos
sobre lo que una vez fue verdad:

la luna tiene cordilleras > la luna es una formación
                    geológica > el cielo tiene luna > el
                    cielo es una formación geológica
esas brillantes, estremecientes estrellitas / tan
                    vivazmente me contemplan, / ay, decidme,
                    por favor, ¿es verdad todo / lo que la
                    gente cree saber sobre vosotras?
no lo es no lo es no lo es

mira emerge una explosión espantosamente larga
el universo lleva los planetas en la bolsa de
tela del espacio-tiempo
ya solo compra en mercados bio

en las profundidades del barro de marte se
acurruca asustado un océano
las moléculas se hacen las suecas
los cometas recogen colonias de migrantes celulares y huyen
más allá de la nube de oort
la vida se esconde tras el silicio
tiene la piel de gallina

antes de ir a dormir nos avergonzamos del plástico
la tierra se siente halagada
sois mucho más avanzados que el fuego

el fuego del rayo a la venta aquí
evian entre los fuegos

tubos (geólogo)

sí yo soy víctor
me encargo de todo esto

bajo tus pies
hay fuerzas que no alcanzas a imaginar

ya te he dicho de qué se trata
rocas tan antiguas
que ya no están en estado sólido

por aquí pasan mis tubos de escucha
si guardamos silencio
quizá
oigamos algo

puede que no las piedras
pero sí pequeños animales y aves

si no te mueves
quizá venga un águila volando
quizá nos den una señal

solo hay que escuchar
prueba hasta dónde
hasta dónde alcanzas a oír

aquí

ahora voy a colocarte
los tubos en los oídos

kola superdeep borehole

la tierra vive una vida interior
repleta de estruendo

en google puedes encontrar el sonido superficial
el grito de los minerales desde el pozo perforado

la tierra vive una vida interior
ahora duerme
después de todo lo ocurrido distante
en el otro extremo del mundo

dos torres

todos venían a ver
esas dos colosales torres

parecían raspas de pescado
lo que desconcertaba a la gente
cuando la tierra revele sus huesos
serán estas estrechas
raspas de pescado

estuve a punto de llegar hasta ellas

me quedé parado
en un campo hace tiempo yermo

golpeando la cara interna del mundo

fuera
una luna atornillada

el cielo un garaje vacío
de sonido metálico

alguien entre los supervivientes
susurra en la oscuridad
aristóteles

después el cuerpo de la física
fue arrojado por el mar

todos los cuerpos
por fin en reposo

cangrejo

rojos rostros en el fuego
el cabello de la llamada de la lechuza
en un bosque que se acerca
aunque aparenta no hacerlo

últimos rostros en el fuego
ya solo habrá
369 rostros en el fuego

rojos como cangrejos
en una olla hirviendo

periodo quinario

las piedras no recuerdan el poema

el barro no sabe quién ha sido bueno
ya no es necesario

en la sombra de este barranco
no se ve la salida del sol

no queda registrado
en ninguna conciencia

aquí

este letrero
ubicación aproximada del zoo
ya no es veraz

aquí se levantaba un fiordo
junto al puente varoddbrua

allí hubo un rumor en la hierba
y una población
de pequeños organismos

en este abismo
desfilaban formas
de vida procariotas

tanto mundo por todas partes
hasta el día en que se entreabrió la puerta
que nadie ha atravesado

este hibisco eternamente sediento (hibisceae)

dice la mujer y corre a regarte
como si fuera cuestión de segundos

recuerdas la guerra civil
la edad dorada del cuarto de estar

tu cabello ha encanecido
hace tiempo que no floreces
la vida está en otra parte

solo por ti leo el granado loco:

todos los cipreses marcan medianoche
al cumpleaños de los jazmines

los cipreses son los lobos de tu corazón
hibisco has sido más fiel que un perro

campamento de verano

querido satélite de nuestras vidas
te lanzamos más allá de la órbita
no hay camino de vuelta

cuando tengas que dormir solo
en un dominio tenebroso
en el extremo equivocado del siglo

pensamos en ti
sigues presente en nuestros pensamientos

mamá papá
mapa

Gracias a Olga Stehlíková por sus maravillosas observaciones, a Jan Nemček por la inspiración subconsciente para el poema "movimientos de cangrejo antes de dormir", a Zuzana Kultánová por su atenta lectura del poema "cari (telefonista)".

En el poema "vibraciones" aparece una cita de *Cantos cósmicos* de Jan Neruda. En el poema "este hibisco eternamente sediento" tomo prestados dos versos del poemario *El granado loco* de Odysseas Elytis (traducción de José Antonio Moreno publicada en *Antología general*, Alianza tres, 1989). El poema "bloomberg" está inspirado en un artículo de la revista del mismo nombre.

ÍNDICE

antes de dormir

nueva naturaleza salvaje

la vida de las plantas